SILVANA VERONESI
WAS IN TRÜMMERN BEGANN

D1721884

SILVANA VERONESI

Was in Trümmern begann

Eine 15jährige erlebt
die Anfänge der Fokolar-Bewegung

VERLAG NEUE STADT
MÜNCHEN · ZÜRICH · WIEN

Aus der Reihe: *Neue Stadt – Jugend*

Übersetzung: Hans-Peter Röthlin, Karl-Heinz Fleckenstein

Die Deutsche Bibliothek – CIP-Einheitsaufnahme

Veronesi, Silvana:

Was in Trümmern begann : eine 15jährige erlebt
die Anfänge der Fokolar-Bewegung / Silvana Veronesi.
[Übers.: Hans-Peter Röthlin ; Karl-Heinz Fleckenstein].
– 6., vollst. überarb. Aufl. – München ; Zürich ; Wien :
Verl. Neue Stadt, 1992
ISBN 3-87996-291-X

6., vollständig überarbeitete Auflage, 1992
© Alle Rechte der deutschsprachigen Ausgabe
bei Verlag Neue Stadt GmbH, München 83
Umschlaggraphik: Città Nuova Editrice, Rom
Umschlaggestaltung: Neue-Stadt-Graphik
Druck: MZ-Verlagsdruckerei GmbH, Memmingen
ISBN 3-87996-291-X

Vorwort

Ein Teenager, der sich viele Fragen stellt; eine Gruppe junger Leute zwischen 15 und 25, die möglichst oft zusammenkommen wollen und, wie sie sagen, „auf Gedeih und Verderb" zusammenhalten; Schwierigkeiten mit den Eltern und bei der Arbeit ... − nichts Ungewöhnliches! Und doch: Was Silvana Veronesi hier erzählt, ist eine Geschichte, die spannend ist wie ein Roman:

Sie beginnt 1944 in der norditalienischen Stadt Trient. Mitten im Chaos des Krieges setzen einige Jugendliche alles auf eine Karte: auf eine entschiedene und konkrete Liebe, auf Gott, „ein Ideal, das keine Bombe zerstören kann". Silvana, mit ihren 15 Jahren die Jüngste der Gruppe, berichtet, wie sie diese Zeit erlebt hat. Niemand von ihnen hätte erwartet, was aus diesem „Abenteuer" werden würde: Nach kurzer Zeit waren es mehrere hundert Leute jeden Alters, die von ihrem Lebensstil gepackt waren.

Was war da eigentlich entstanden? An sich nichts Besonderes: Sie wollten einfach echte Christen sein. Einen Namen hat die Gruppe eher zufällig bekommen: Die Bewohner von Trient nannten sie „focolare", was im Volksmund soviel heißt wie Feuerstelle, der Herd, um den sich die Familie versammelt. Offenbar ging eine Art Feuer von ihnen aus ...

Heute ist die Fokolar-Bewegung in aller Welt und in allen Altersstufen verbreitet; Hunderttausende junger Leute haben sich das Anliegen der ersten Gruppe aus Trient zu eigen gemacht: Auch sie setzen sich ein für eine Welt, in der die Menschheit in Frieden und Einheit leben kann, für eine „geeinte Welt". Wie alles angefangen hat, erzählt Silvana Veronesi nicht mit der Akribie eines Historikers, sondern mit Episoden aus dem ungewöhnlichen Alltag einer 15jährigen.

Eine unerwartete Frage

Ein Original, unser neuer Religionslehrer! Er war noch ziemlich jung, so daß er in den Luftschutzkeller rennen konnte, wenn die Sirenen heulten. Der bisherige hätte es nicht geschafft.

Ich hatte den Eindruck, daß er allen sehr sympathisch war, auch wenn er viel von uns verlangte. Die dritte Klasse des Gymnasiums hatte ihn sogar um eine zusätzliche Religionsstunde gebeten (woran vorher in unserer Schule nicht zu denken gewesen wäre). Auch mir gefiel er immer besser.

Und doch wollte er mir nicht glauben, daß ich wie aus der Pistole geschossen wußte, daß Jerusalem im Jahre 70 zerstört wurde. Er behauptete, ich hätte die Jahreszahl aus dem Buch unter der Bank abgeschaut. Und das stimmte wirklich nicht! Ungeachtet dieses kleinen Zwischenfalls begannen wir uns immer besser zu verstehen.

Durch den Krieg war unsere fünfte Gymnasialklasse bunt durcheinandergewürfelt worden. Wir waren die unterschiedlichsten Typen: angefangen bei der bleichen Aurora, die wie eine 12jährige aussah, bis zu Carlo, der sich schon rasieren mußte. Der Streberin Marie gaben wir den Spitznamen „Dulcinea" (die Süße). Ihre blonden Zöpfe schienen wie dazu geschaffen, zwischen den Zinnen eines mittelalterlichen Turmes herabgelassen zu werden.

Unseren Unterricht erhielten wir je nach Lage des Krieges im Luftschutzbunker oder in der Volksschule eines nahegelegenen Dorfes, zwischen einer Luftabwehrbasis und einem Waisenhaus.

Ja, unser Unterricht war abwechslungsreich und interessant für eine wie mich, die sich mit ihren 15 Jahren der Gefahr nicht bewußt war. Am Morgen zogen gut erkennbar in großer Höhe die Flugzeuge über unseren Köpfen dahin. Sie mußten meiner Meinung nach ihre tödlichen Lasten schon los sein, da sie von Bombardierungen weiter im Norden zurückkehrten. Wenn die Flak losdonnerte, liefen wir aus dem Bunker hinaus, um zu sehen, ob ein Geschoß sein Ziel erreicht hatte.

Eines Tages fielen wirklich Bomben und brachten den Tod. Der ärmste Teil der Stadt wurde zerstört. Etwas später noch eine Bombardierung, und dann ging es pausenlos weiter: Ununterbrochen heulten die Sirenen.

Eines Morgens sah ich viele Leute am Schuleingang vor einer Bekanntmachung stehen: „Die jungen Männer des Jahrgangs '29 haben sich zu melden ..." Es waren meine Mitschüler! — Am gleichen Abend begleiteten wir sie zu den Militärlastwagen, die sie zur Eisenbahnlinie brachten, der einzigen Verbindung, die damals noch zwischen Italien und Deutschland bestand. Sie hatten die Bahndämme instand zu setzen, die von den Bomben zerstört worden waren.

Wie kam unser Religionslehrer nur auf die Idee, schriftliche Arbeiten in seinem Fach einzuführen? Reichten etwa die in Mathe und Latein nicht aus? Der Titel der ersten Arbeit lautete: „Was ist der Auftrag eines jungen Christen in der Gesellschaft?"

Es war genau die Frage, die mich selbst brennend beschäftigte. Denn schon einige Zeit fragte ich mich, welchen Zweck mein Leben habe und ob es wohl noch sinnvoll sei, das „brave Kind" zu spielen. Ich sagte mir, daß es nicht möglich sein kann, als Mensch geboren zu werden und zu sterben, ohne der Nachwelt etwas zu hinterlassen. Ich hatte viel gelesen, und mir schien, man müßte „Großes" leisten, um in die Geschichte eingehen zu können ... Caesar, Michelangelo, Katharina von Siena zogen mich mächtig an, weil sie große Dinge vollbracht hatten.

Ein ähnliches Thema hatte ich schon einmal behandelt, als man uns nach eigener Wahl schreiben ließ. Allerdings gab es einen kleinen, aber wichtigen Unterschied: Hinter „jung" stand diesmal das Wort „Christ", von dem ich nicht recht wußte, wie ich es verstehen sollte. Was ist das: ein junger Christ? Vielleicht hätte man mich auch so nennen können; schließlich war ich getauft und ging sonntags zur Messe. Ich hatte eigentlich auch ein gutes Gewissen, denn abgesehen davon, daß ich an einer Vier im Betragen mit knapper Not noch vorbeigekommen war, fühlte ich mich soweit in Ordnung.

Die Sache war so gewesen: Man hatte mir vorgeworfen, der Philosophielehrerin gegenüber vorlaut gewesen zu sein, was den Religionslehrer so maßlos empörte, daß es sogar bis zum Direktor kam. Aber schließlich setzte sich der Religionslehrer dann doch dafür ein, daß bei der Konferenz aus der Vier eine Drei wurde, obwohl ich außerdem noch ab und zu die Schule geschwänzt, unerlaubterweise den Luftschutzbunker verlassen hatte und ...

Kurzum, außer diesen kleinen Dingen, die dann und wann kleine Unruhen bei den Lehrkräften hervorriefen, hatte ich keine bösen Absichten. So ging ich sonntags zur Kommunion und dachte mir, daß Jesus tiefer in mich hineinsieht und mich so nimmt, wie ich bin. Aber genügte das? Ein Christ — was ist das? Wenn unser Lehrer so neugierig ist und wissen will, was ich denke, soll er doch selber antworten! So wurde mein Aufsatz eine zwei Seiten lange Aufzählung von lauter Fragen.

„Könntest du nicht die Hefte zum Religionslehrer bringen, da du am ehesten am Kapuzinerkloster vorbeikommst?" bat man mich. Ich steckte den Stoß Hefte in die große braune Schultasche und machte mich auf den Weg in das Dorf, in das ich evakuiert worden war. Oben auf der abgetretenen Treppe des Kapuzinerklosters zog ich an der Glocke. Beim Warten betrachtete ich die Fassade der zerstörten Kirche, an der der Weg zur Klosterpforte entlangführte. Die Fassade war weiß, oder — besser gesagt — es einmal gewesen. Aus dem abgebröckelten Verputz kamen die wenigen übriggebliebenen Fresken zum Vorschein: ein franziskanisches Symbol und der Arm eines Engels, der eine Frauengestalt segnete.

„Hallo! Was bringst du mir?" – Ich zog den Stoß Hefte heraus und wollte gleich wieder verschwinden. Aber unser Lehrer ließ mich in ein kleines Zimmer eintreten. Wir sprachen ein wenig über die Schule und meine Klassenkameraden. Dann stellte er mir unvermittelt eine Frage, mit der ich nun überhaupt nicht gerechnet hätte: „Sag mal, Silvana, liebst du Gott?"

„Ich kenne ihn nicht!" schoß es aus mir heraus. Überrascht hob er die Augen, schwieg einige Sekunden und sagte dann: „Aber du möchtest ihn lieben?" – „Wenn Sie mir helfen, ihn kennenzulernen!" Nochmals ein nachdenkliches Schweigen, dann fügte er hinzu: „Gut, ich werde dich mit jemandem zusammenbringen, durch den du ihn kennenlernen kannst." Er warf den Mantel über die Schulter und wandte sich rasch zum Gehen. Etwas mißtrauisch raffte ich die Schulmappe auf, die ich auf den Boden gestellt hatte, und folgte ihm. Wie würde diese Geschichte ausgehen? Zu wem würde er mich wohl bringen?

Ohne ein Wort zu sprechen, stiegen wir die Stufen hinunter. Es war eine fast geheimnisvolle Atmosphäre. Der Lehrer lächelte. Ich hatte keine Zeit für weitere Mutmaßungen, weil wir unterhalb des Platzes stehenblieben und er an eine Tür klopfte.

Es wurde aufgemacht. Wir traten in eine Küche, an der mir besonders auffiel, wie sauber und aufgeräumt sie war. In einer Ecke bügelte ein Mädchen, das wohl einige Jahre älter war als ich. Sie hatte ihre blonden Haare aufgesteckt und war mir gleich sympathisch. Der Lehrer wandte sich um und rief: „Guten Tag, Chiara, hier ist eine meiner Schülerinnen ... Auf Wiedersehen, bis zum nächstenmal ..." Und rasch ging er an mir vorbei ins Freie. Chiara trat aus dem Nebenzimmer und begrüßte mich. Wir setzten uns nebeneinander auf ein winziges Sofa. Aus Verlegenheit zog ich am Gürtel meines modernen Gabardine-Regenmantels und warf einen Blick auf meine beigefarbenen Strümpfe: Sie paßten in der Farbe, und im ganzen konnte ich mich schon so sehen lassen.

Ich schwieg; unbehaglich fühlte mich jedoch in der neuen Umgebung nicht. Ich hatte einfach nichts zu sagen und wartete, daß die junge Frau sprechen würde. Sie stellte sich freundlich vor: Sie heiße Chiara Lubich, studiere Philosophie in Venedig und arbeitete nebenbei als Lehrerin. Zwei Jahre hatte sie in einem Waisenhaus unterrichtet, das ganz in der Nähe meiner Schule lag. „Silvanella" nannte sie mich, und diese Verkleinerungsform klang neu in meinen Ohren. Niemand hatte mich je so genannt, mit Ausnahme einer Tante, die so gut war, daß es den Anschein hatte, als gäbe es für sie auf der ganzen Welt keine schlechten Menschen. Ich hatte sie immer besonders gern gehabt ...

Chiara erzählte mir von einer „Entdeckung", die

sie und einige Freundinnen gemacht hatten, als ihnen mitten im Bombenkrieg neu aufgegangen war, daß jeder nur ein einziges Leben hat. Man konnte es also nicht vergeuden, als hätte man viele. Man mußte für etwas leben, das der Mühe wert war. Sie hatten entdeckt, das einzige, was nicht zusammenbricht und wofür man das ganze Leben einsetzen kann, ist Gott.

Ich erinnere mich nicht mehr, wie das Gespräch weiterging. Nur die letzten Worte sind mir in Erinnerung geblieben: „Wären wir Sterne, so würden wir uns zu einem Sternbild zusammenfügen. Denn darin ist jeder einzelne Stern schön, weil er mit den anderen zusammen ist; und alle zusammen sind schöner als jeder einzelne, weil sie ein harmonisches, leuchtendes Ganzes bilden."

Ich machte mich auf den Weg nach Hause, während die Sonne sank und über dem Gebirge die ersten Sterne aufgingen. So sollten wir sein, wie die Sterne am klaren Himmel ... Ich erinnerte mich nicht mehr an die Gesichtszüge von Chiara. Ich wußte nicht einmal, ob ich sie wiedererkennen würde. Nur an ihre Augen erinnerte ich mich noch; sie hatten sich mir tief eingeprägt. Ins Gedächtnis? In mein Herz? Ich wußte nicht, wo.

Die Wahl, die die Mädchen getroffen hatten, faszinierte mich. Ja, auch ich habe sie damals getroffen! Ich wollte nicht spurlos „vergehen" wie die meisten Menschen. Ich wollte „bleiben", und diese jungen Frauen hatten den gewählt, der nicht vergeht.

50 Minuten hatte ich zügig bergauf zu gehen, um den steilen Hang im Osten von Trient zu erreichen, wo ich zu Hause war. An jenem Abend hätte ich gewünscht, daß der Weg zwei Stunden dauerte, um viel Zeit zu haben für dieses neue Glück. Andererseits brannte ich darauf, den Meinen zu sagen, daß ich etwas gefunden hatte, für das zu leben sich lohnte.

Zu Hause angelangt, sprang Hasso, der schwarze Wolfshund, wie gewöhnlich schon am Anfang des Gartens an mir herauf. Man wollte gerade zu Abend essen. Der Vater wartete mit der Zeitung im Eßzimmer, die Mutter war noch in der Küche, und meine Schwester richtete die Milch für ihr Kätzchen. Zu Hause war alles genau wie vorher. Ich merkte, daß ich in dieser Atmosphäre nicht erzählen konnte, was ich erlebt hatte. Aber das spielte keine Rolle.

Als meine Schwester eingeschlafen war, zog ich das neue Schulheft heraus, das ich für die Aufsätze gekauft hatte. Oben hin schrieb ich das Datum und dann den ersten Tagebucheintrag meines Lebens. Ab heute würde mein Leben eine neue Richtung nehmen. „Bis Samstag um halb vier", hatten mir die neuen Freundinnen beim Abschied gesagt. Jetzt hieß es nur abwarten …

Zwei große Schränke

Endlich Samstag! Ich wollte nach Trient gehen, doch bis jetzt hatte ich noch nichts daheim gesagt; es hatte sich noch keine Gelegenheit dazu geboten. So legte ich mir die Ausrede zurecht, daß ich wegen der Schule und der Mitschülerinnen dorthin müsse.

Schon in aller Frühe war ich ein wenig unruhig und nervös. Würde Chiara wirklich wieder so sein, wie ich sie am Mittwoch erlebt hatte? Und die anderen? Irgendwie hatte ich einen neuen Frieden in mir. Noch vor einigen Tagen hatte ich meinem Religionslehrer gesagt, daß ich Christus nicht kenne. Seit der Begegnung am Mittwoch kam es mir vor – ich wußte nicht warum –, als wäre er mir jetzt näher. Ich hatte mich sogar innerlich gedrängt gefühlt, zur Messe um 6.15 Uhr zu gehen, in der kleinen Kirche des Waisenhauses, gegenüber unserem Wohnhaus.

Schon zwei Uhr nachmittags! Ich öffnete den Schrank. Welches Kleid sollte ich anziehen? Ich hatte keine große Auswahl, aber ich überlegte länger als gewöhnlich. Schließlich entschied ich mich für das gelbe mit der schwarzen Schleife. Es schien mir am besten geeignet, aber wofür? Ich wußte ja noch gar nicht, was mich erwartete.

15

Viertel nach drei. – Ich bog am Markusplatz um die Ecke. Bald holte mich Chiara ein. Ja, sie war wirklich wie am Mittwoch, strahlend vor Freude. Bei ihr war Angela, die mich begrüßte, als ob sie mich schon immer gekannt hätte. „Die anderen erwarten uns", sagte sie. Und so liefen wir die Treppe hinauf in den Saal, aus dem wir Stimmen hörten. Man hätte ihn eher häßlich nennen können mit seinen gelben Wänden und feuchten Flecken an der Decke. Dennoch war er so erfüllt von der Heiterkeit der Mädchen, daß ich diese Unannehmlichkeit nicht als störend empfand. Mir fielen besonders zwei große Schränke auf.

Aletta stellte sich mir nun vor. Ich erkannte sie sofort wieder: Sie hatte gebügelt, als ich am Mittwoch bei Chiara war. Dann lernte ich Irma kennen, eine brünette Dickliche, die mit einem großen jungen Mann verlobt war. Dann Lia, klein und schlank, mit lustigen Augen. Ich entdeckte auch zwei Mädchen aus der 3. Klasse des Gymnasiums. Mittlerweile war unser Religionslehrer hereingekommen. Er begrüßte mich freudig. Ich antwortete etwas verlegen, war aber froh, daß er gekommen war. Alle zusammen beteten wir ein „Ave Maria". Ich weiß nicht, bei „der Herr ist mit dir" hatte ich den Eindruck, daß er auch mit uns war.

Chiara begann zu sprechen. Ich freute mich wahnsinnig; denn ich empfand ihre Worte als meine eigenen. Chiara erzählte von ihrer Entdeckung: von Gott, der nicht vergeht, der alles ist! Sie sprach darüber, daß wir alle im Leben ein Ideal suchen, das schönste, das man sich vorstellen kann …

Was ist das Schönste auf der Welt? fragte ich mich ebenso wie die anderen. Vieles ist schön: das Meer mit seinen geheimnisvollen Tiefen; der Sternenhimmel, der uns oft die Langeweile und die Traurigkeit vergessen läßt; die Musik; die Kinder … Aber ist die Liebe nicht noch schöner, die aus dem Herzen der Menschen kommt? Die Liebe unter Freunden, die Mutterliebe, die Liebe zwischen zwei Verlobten, die so groß ist, daß sie dafür sogar Eltern und Geschwister verlassen, um eine neue Familie zu gründen? Wir waren alle überzeugt: Das Schönste auf der Welt ist die Liebe!

„Könnt ihr euch dann vorstellen", fuhr Chiara fort, „wie erst Gott sein muß, der die Liebe geschaffen hat?" Keiner rührte sich. Auch ich war ganz gepackt, und zugleich empfand ich eine große Freude. Ja, das war es: Gott, der die Liebe geschaffen hat. Gott, der selbst die Liebe ist und uns sagt, wir sollen alle Menschen mit einem weiten Herzen lieben!

Wir standen auf. Wie schnell war die Zeit vergangen! Ich schaute auf die Uhr, es war schon fünf! Die anderen gingen zu den großen Schränken in der Nähe der Tür. Einige richteten Pakete mit Lebensmitteln und Kleidungsstücken her, andere nahmen sie und gingen damit fort. Fragend blickte ich Dori an, ein Mädchen, das sich neben mich gesetzt hatte. Sie war mir vom ersten Augenblick an sympathisch. „Das bringen wir den Armen", erklärte sie, „Christus ist auch in ihnen. Er hat ja gesagt, daß wir alles, was wir den Geringsten tun, ihm tun, und deshalb suchen wir alle Armen der Stadt, um ihnen zu helfen." Sie nahm ebenfalls ein paar Pakete, und ich half ihr. Dori sah sehr glücklich aus. „Hör mal, fällt es euch nicht schwer, zu den Armen zu gehen?" fragte ich halblaut. „Oh nein, das ist das Schönste!" Ich schaute sie etwas verblüfft an, und Dori fügte hinzu: „Sicher, die ersten Male gehört schon Mut dazu; denn die Leute, die wir besuchen, sind oft krank und alt und können sich nicht mehr bewegen. Die Häuser sind manchmal furchtbar dreckig, aber wir gehen hin, um sauberzumachen. Die Armen sind dann so froh, daß man glaubt, den Himmel in sich zu tragen, wenn man wieder von ihnen geht."

Dori mußte schon sehr erfahren sein, und so überschüttete ich sie unterwegs mit meinen Fragen. Sie erzählte mir, daß sie seit zwei Jahren zu den Armen gehe, das heißt, seit Chiara ihr Nachhilfestunden in Philosophie gab.

Chiara und ihre Geschwister hatten schon damals immer wieder heimlich etwas von ihrem Mittagessen beiseite gelegt, um es den Armen bringen zu können. Dori erinnerte sich noch daran, wie sehr Chiara sich freute, als die Mutter Chiara einmal erlaubte, einen alten Mann zum Mittagessen einzuladen. Sie hatten das wenige, das sie besaßen, liebevoll hergerichtet, um ihm ein Fest zu bereiten.

Dori fuhr fort: „Dieser Arme gehörte bald zur

Familie. Jeden Montag, wenn er aus seinem Dorf kam, um eine kleine Unterstützung abzuholen, kam er zum Mittagessen in Chiaras Haus. Wir dachten, daß er zum Frühstück zu mir kommen könnte. Meine Eltern waren um diese Zeit schon im Geschäft, und so hätte er niemanden gestört. Er hieß Daniel, war an sich groß, aber gekrümmt vor Schmerzen. Doch seine Augen waren hellwach und leuchteten. Als er das erste Mal zu uns kam, wußte ich, daß mit ihm Christus zu uns gekommen war. Ich stellte ihm einen kleinen elektrischen Heizofen auf den Tisch, damit er sich die Hände wärmen konnte. Er bekam mein Frühstück. So hatte ich bis Mittag einen leeren Magen, aber ich war überglücklich."

An einer Ecke kam eine Frau auf uns zu. Sie gab Dori eine große Tasche voll frischer Tomaten und sagte: „Es sind die allerersten, ich habe sie für euch mitgebracht. Ihr habt mir geholfen, jetzt möchte ich euch helfen."

Dori bedankte sich und erklärte mir, daß sie vor einem Jahr die alte Frau kennengelernt hatten. Sie war krank und sehr allein. Den Sommer über konnte sie in Gemüsegärten Arbeit finden, aber im Winter wurde es schwierig für sie. Dori und Chiara waren mit den anderen öfter in ihre Dachstube gegangen, um aufzuräumen, zu putzen, zu waschen. Oft sangen sie ihr Lieder vor, worüber sich die Frau, die sonst niemanden hatte, besonders freute.

„Als eines Tages die Sirenen heulten, trafen wir sie auf dem Weg zum Bunker. Sie konnte nicht schnell gehen. Zu zweit haben wir sie unter die Arme gefaßt. Das Donnern der Flugzeuge kam immer näher, und man hörte die ersten Bomben mit lautem Krachen einschlagen. Die Menschen rannten irr umher und stießen uns an. Alle wollten rechtzeitig den Bunker erreichen. Wir aber kamen nur langsam voran. Einen Augenblick lang zitterten mir die Knie. Doch das ging bald vorüber bei dem Gedanken, daß wir in der Frau Christus stützten; sie wäre sonst nicht heil zum Bunker gekommen. So schafften wir es schließlich alle drei. Wenn sie jetzt verdient, kommt sie und teilt ihren Lohn mit uns: Salat, Paprikaschoten, Rüben, Rettiche usw... Sie hat uns einfach gern!"

Wir waren bei der Familie angelangt, für die die Pakete bestimmt waren. Lange konnten wir uns diesmal nicht aufhalten, denn ich mußte mich beeilen, um rechtzeitig zum Abendessen zu Hause zu sein. So gaben wir die Pakete nur ab und verabschiedeten uns.

Einmal traf ich Dori in der Stadt. Sie fragte mich, ob ich nicht mit ihrer Gruppe essen wolle. Als ich sah, daß sie schon mehrere waren, meinte ich, ich würde lieber gehen. Denn zu den sieben Personen, die am Kapuzinerplatz wohnten, hatten sich noch fünf Arme hinzugesellt; Giosi und Natalia hatten sie auf der Straße getroffen und mitgebracht. Aber Dori beruhigte mich: „Du kannst kommen, wann du willst, und mach dir keine Sorgen wegen des Essens. Es reicht auch heute, obwohl wir zwölf sind." So blieb ich also. Die Gespräche bei Tisch waren ausgesprochen interessant für mich; manches hat mich ein wenig erstaunt, doch die Freude, mit der sie sprachen, überzeugte mich. Diesmal war es dunkel, als ich heimging. Das tat mir gut; denn so konnte ich die vielen Eindrücke in mir besser ordnen.

Nicht nur Chiara, auch die anderen hatten mir imponiert. Es waren Leute, die ernst zu machen schienen, ohne damit anzugeben ... Und diese echte, tiefe Freude ...

Arme einzuladen war nicht jedermanns Sache. Es war ja nicht ungefährlich, sie zu verbinden, auf der Straße zu begleiten ... Man brauchte eine gehörige Portion Mut: Was würden die anderen denken? Aber es gefiel mir, auf die Meinung der anderen zu pfeifen ...

Ich mußte der Sache mehr auf den Grund gehen! Diese jungen Leute hatten Gott gewählt – gut; aber wie hatten sie es gemacht? Warum wohnten diese Mädchen und jungen Frauen dort? Das war doch nicht ihr Elternhaus!

Das nächste Mal wollte ich Chiara alles genau fragen. Wieso und wie hatte sie angefangen? Auch ich wollte mitmachen!

So viele Zufälle!

Gott sei Dank, das Schuljahr ging zu Ende. Die Prüfungen, vor denen wir insgeheim alle gezittert hatten, waren gut überstanden. Zum Glück wurden nur ganz allgemeine Fragen aus dem Jahresstoff gestellt. Wegen der Umstände des Krieges war mancher Lehrer nicht so pingelig; so rutschte ich mit einem guten Notendurchschnitt in die nächste Klasse.

Die Zusammenkunft am Samstagnachmittag um Viertel nach drei gefiel mir immer besser. Ich erfuhr, daß sich die Mädchen auch in kleinen Gruppen am Kapuzinerplatz trafen. Dort wohnte Chiara, weil in der Bombennacht vom 13. Mai ihr Haus zerstört worden war. Natalia und Giosi, die ich einige Samstage zuvor kennengelernt hatte, erzählten mir davon. Doch davon später mehr ...

Einige Tage später fragte mich der Religionslehrer, ob ich nicht öfter kommen wolle. Und ob! Ich freute mich wahnsinnig darauf. Sich nur einmal in der Woche zu treffen, war mir viel zu wenig. Ich hatte den Eindruck, daß wir gerade jetzt enger zusammenwachsen müßten. Gut, daß er mich fragte! Mir selbst hätte doch die Courage gefehlt. In der Schule war ich nicht auf den Mund gefallen (wenn ich nicht wieder mal etwas angestellt hatte ...).

Aber hier fühlte mich ein bißchen ... — ich weiß auch nicht wie. Nicht, daß ich schüchtern gewesen wäre, ganz im Gegenteil, außerdem hatten mich alle gern. Aber gerade deswegen wurde ich mir bewußt, daß ich die Jüngste war und so gut wie nichts wußte. Zum Glück war ich ziemlich groß, und alle hielten mich für älter als 15. Ich blieb also schön still — was sonst selten vorkommt —, damit sie mich nicht wegschickten; denn ich wollte hinter alles kommen, alles sehen.

Meine Lage zu Hause wurde langsam schwieriger. Es war Sommer, die Schule war vorbei. Ich wollte oft nach Trient, und immer mußte ich mir eine andere Ausrede einfallen lassen. Doch ich verstand auch, daß meine Eltern mich nicht gerne fortlassen wollten ... Nach den deutschen Truppen waren jetzt die Alliierten gekommen. Tag und Nacht rollten die Panzer vorüber. Überall herrschte ein großes Durcheinander. Man hörte, daß es anderswo noch viel schlimmer sei. Beim Truppenwechsel soll es mehrere Tote gegeben haben. Mein Vater war besorgt. Ich begriff nicht recht, warum er so ängstlich war, wo doch der Krieg bei uns vorbei war.

Auch Vale und Angelella hatten oft Schwierigkeiten mit ihren Eltern, wenn sie nach Trient wollten. Sie wohnten in Pergine und mußten zwölf Kilometer mit dem Rad zurücklegen, und das auf einer schmalen, sehr befahrenen Straße. Vale fuhr, Angelella saß auf dem Gepäckträger. Sie sagten

mir, daß sie diesen Weg auch während der Flieger-
alarme zurückgelegt hatten oder wenn die Gegend
unter Beschuß stand. Sie waren sich so sehr der
Liebe Gottes bewußt, daß sie keine Angst hatten.
Und wären sie auch gestorben, hatten sie nicht *ihn*
zum Inhalt ihres Lebens gewählt?

Sterben ... Ich hatte nie im Ernst daran gedacht,
daß man von einem Augenblick auf den andern
sterben könnte. Dann ist alles vorbei. Was geschehen ist, ist geschehen. Wie wenn bei einer Klassenarbeit der Gong ertönt und einem das Blatt aus
der Hand genommen wird: Was du geschrieben
hast, hast du geschrieben.

So war es für viele am 2. September 1943, als
die Stadt zum ersten Mal bombardiert wurde. Man
gab damals nur eine Vorwarnung, und fast niemand ging in die Bunker. Natalia berichtete mir,
daß sie kaum die Etschbrücke überschritten hatte,
als diese unter mächtigem Krachen zusammen-
brach. Es gelang ihr gerade noch, sich hinter eine
Mauerbrüstung zu ducken, um nicht verschüttet zu
werden.

Graziella befand sich auf dem Danteplatz, als sie
die Bombergeschwader über sich erblickte. Schon
hörte sie das Pfeifen der Granaten. Zusammen mit
ihrem Vater warf sie sich in einen Straßengraben.
Während die Bomben links und rechts einschlugen,
klopfte ihr das Herz bis zum Hals. In diesem oh-
renbetäubenden Getöse hatte sie den Eindruck, daß
Gott sie rief. Sie flehte ihn an, ihr noch eine Chance zu geben. Kaum war die Bombardierung zu En-

de, krochen sie beide aus dem Graben. Da sahen sie, wie wenige Schritte von ihnen entfernt ein Blindgänger niedergegangen war. Graziella dachte sofort an die Chance, die Gott ihr noch einmal gewährt hatte. Wenige Monate später wurde sie von einer Arbeitskollegin zu unserer Begegnung am Samstag eingeladen. Es ist wirklich wahr, daß die Liebe Gottes uns überall begleitet, daß alles von ihm gelenkt wird ...

War es nicht auch bei mir so gewesen? Wie hätte ich Chiara kennenlernen können, wenn mein Vater nicht bei Kriegsausbruch nach Trient gekommen wäre? Vorher hatten wir nämlich in Triest gewohnt. Oder wenn die Schule nicht nach Cognola evakuiert worden wäre? Und wenn unser neuer Religionslehrer mich nicht mit den anderen in Kontakt gebracht hätte? So viele „Zufälle"! Und wenn nicht all das passiert wäre, wäre ich heute nicht hier.

Natalia

Natalia war gerade 20. Sie hatte mein Vertrauen gewonnen. Früher war sie oft traurig gewesen, weil sie sich zu Hause nicht verstanden fühlte. Alle redeten von Geschäften, von Unternehmungen; vor lauter Arbeit gab es Tag und Nacht keine Ruhe. Natalia liebte die Musik, und häufig verlor sie sich in Träumereien. Deshalb nannte man sie spöttisch „Dornröschen". Ihr Vater, der es gut mit ihr meinte, ermahnte sie immer wieder; sie würde es im Leben zu nichts bringen, da sie nicht mit beiden Beinen auf dem Boden stehe. „Reiß dich zusammen!" waren die Worte, die sie sehr oft zu hören bekam. Trotzdem hörte sie nicht auf, Geschichten zu ersinnen, in denen die Hauptperson sich den sonnigen Seiten den Lebens zuwandte. Und wenn sie sich ganz allein wußte, komponierte sie eigene Melodien und summte sie leise vor sich hin. Sicher wollte sie auch den Wünschen ihres Vaters, eines tüchtigen Kaufmanns, entsprechen und im Leben weiterkommen. Aber trotz aller guten Vorsätze blieb alles beim alten, und immer weniger glaubte sie daran, daß sie es in ihrem Leben jemals zu etwas bringen würde. Vor diesem düsteren Hintergrund kam es zur Begegnung mit Chiara.

„Chiara hat sich so für mich interessiert", erzählte mir Natalia, „als gäbe es auf der Welt niemanden außer mir. Ich begleitete Chiara ein Stück auf dem Weg zur Universität.

– ‚Es kommt darauf an, Gott richtig kennenzulernen‘, sagte sie. ‚Er ist ja die Güte, die Geduld ... aber auch die Schönheit, die Liebe, Licht für jeden Geist. Er ist die Quelle allen Wissens.‘

– ‚Aber ich habe ja nur die Handelsschule besucht und mußte Geld verdienen helfen‘, entgegnete ich verbittert.

– ‚Das spielt keine Rolle. Wenn du mich brauchst ..., ich bin für dich da.‘

Zum ersten Mal in meinem Leben fühlte ich mich verstanden", fuhr Natalia fort. „Tief in meinem Inneren regte sich etwas – ein Hoffnungsschimmer. Gott ist die Liebe, und wenn wir lieben, geben wir ein Stück von seiner Liebe weiter. Und Gott ist mit uns. Ist er nicht die Weisheit, der Mächtige, die Fülle ... Warum sollte ich Angst haben?"

Von da an hatte sich für Natalia vieles geändert. Sie fühlte sich nicht mehr allein. Sie mußte sich selbst nichts mehr vormachen, sich nicht mehr in eine Traumwelt flüchten. Sie begann, mit Gott ins Gespräch zu kommen. Sie hat ihn ganz neu entdeckt. Alles sprach von seiner Liebe. Natalia spürte, wie sich ihr Alltag allmählich mit Licht und Freude füllte. Auch die aufreibende Arbeit im Geschäft ihres Vaters gefiel ihr jetzt besser; sie begann, auch darin die Liebe zu entdecken. Natalia fing an, wie Chiara es ihr geraten hatte, an die Liebe zu glauben.

Auch ich fing an, manches in einem neuen Licht zu sehen: die Natur, das Ballspielen im Hof, die Mitschülerin zwei Bänke weiter vorn, die mir immer ... – Na so was: Sie hat mir heute zugelächelt! Überhaupt, es tut sich was in der Schule! Am liebsten würde ich mir ein Heft zulegen, um die wichtigsten Erfahrungen festzuhalten. Kaum habe ich begonnen zu lieben, und schon passiert etwas.

Giosi erging es mit ihrer Heimleiterin ähnlich wie mir mit dieser Mitschülerin. Sie war ihr eigentlich alles andere als sympathisch; doch jetzt verstehen sie sich glänzend.

Eine furchtbare Nacht

Natalia erzählte mir ausführlich, wie sie die fürchterliche Bombennacht vom 13. Mai 1944 erlebt hatten. Ich ahnte schon, daß es ein wichtiger Tag gewesen war, wußte aber nicht, warum.

„Die Sirenen heulten zur Vorwarnung. Ich eilte aus dem Büro, um Chiara daheim abzuholen. Wir gingen dann mit ihren Eltern und den jüngeren Geschwistern an den Stadtrand. Es gab keine gesicherten Luftschutzräume, und es schien fast besser, im Freien zu bleiben. Kurz darauf gab es Großalarm. Schon waren die Flugzeuge über der Stadt und legten ihre Bombenteppiche. Die Erde zitterte.

Wir kauerten uns hinter einen Felsen, während sich eine dichte Wolke roter Erde erhob. Sie schien die ganze Stadt zu verschlingen. Wir kamen uns vor wie im Krater eines Vulkans. Wir sahen überhaupt nichts mehr. Endlich hörte das Bersten der Bomben auf, das Dröhnen der Motoren verebbte. Kinder schrien vor Entsetzen. Wie würde es in der Stadt aussehen? Wir warteten, bis der Staub sich setzte.

Überall ein wüstes Chaos, die Stadt war zur Hälfte zerstört; auch die Via Gocciadoro, wo Chiaras Wohnung war ..., das Gebiet um den

Friedhof ... und die Via Trovai, wo mein Haus stand.

Chiara und ich schenkten Gott alle materiellen Güter, die wir vielleicht nicht mehr besaßen. Wir waren überzeugt: Wir würden jetzt noch freier sein, um ihm allein zu folgen. Wir glaubten, daß auch das Liebe war.

Man hörte, auch die Klinik sei getroffen worden. Sofort dachte ich an meinen Bruder. Er lag dort wegen einer Verwundung am Rücken. Würde er noch am Leben sein? Ich wollte am liebsten sofort hinlaufen, aber ich hatte lähmende Kopfschmerzen und konnte mich kaum von der Stelle bewegen. Außerdem war die Stadt noch gesperrt. Das Militär hatte wegen der Gefahr von Blindgängern alles abgeriegelt. Sobald ich mich etwas besser fühlte, angelte ich mein Fahrrad und versuchte Fornace zu erreichen, das Dörfchen, in das meine Angehörigen evakuiert worden waren. Es war schon dunkel, als ich dort ankam. Vor dem Haus sah ich eine Menge Leute, die aufgeregt miteinander redeten. Sobald sie mich sahen, machten sie mir schweigend Platz. Gott sei Dank! Mein Bruder war heil aus der Klinik geborgen worden. Meine Mutter schloß mich weinend in die Arme: ‚Sag, warum bist du nicht eher gekommen? Wir glaubten dich schon tot.‘

Erst jetzt wurde mir klar, daß all diese Leute vor dem Haus meine Mutter in ihrem Schmerz um mich trösten wollten. Sie erzählten mir, daß unser Haus an der Via Trovai halb zerstört war. Doch meine Angehörigen waren alle gerettet, und das genügte.

Mein nächster Gedanke: Wird es überhaupt noch möglich sein, nach Trient zurückzukehren? Was wird jetzt Chiara tun? Ich konnte damals nicht ahnen, wie entscheidend jene Nacht für unser Leben werden sollte ..."

Es war schon fast Mittag, als Natalia bei Chiaras Elternhaus ankam. Sie legte das Rad auf den Boden. Die Stadt bot einen trostlosen Anblick: überall Schutt, Staub und Gestank nach Phosphor und verkohltem Holz.

Natalia suchte nach Lebenszeichen. Die Außenmauern standen noch, die Jalousien waren fortgeschleudert, drinnen bestand Einsturzgefahr. Sie wollte sich eben auf die Treppe wagen, als sie oben Stimmen hörte: „Warte, bis wir hinunterkommen, es ist zu gefährlich!" Chiara und Gino, ihr Bruder, kamen in den verwüsteten Garten und setzten sich mit Natalia auf die Erde, um etwas zu essen.

„Die anderen sind aufs Land gegangen, um einen Unterschlupf zu suchen, ich bleibe in Trient", erklärte Gino, der Medizin studierte. „Die Patienten brauchen mich im Krankenhaus; auch Chiara hat ihre Gründe, hierzubleiben."

Natalia schaute Chiara fragend an. Chiara lächelte, aber sie schien viel geweint zu haben. Natalia schwieg.

Gino erzählte weiter: „In der Klinik ... − eine

Katastrophe! Als die Flugzeuge kamen, konnte man nicht mehr alle Kranken in den Luftschutzkeller bringen, nur die, die der Treppe am nächsten lagen. Von der Abteilung 3 ist niemand am Leben geblieben, nur eine Schwester."

Chiara fuhr fort: „Auch ich habe die Mädchen gesehen, die auf Abteilung 3 umkamen. Fürchterlich! Hände abgerissen, noch mit den Ringen an den Fingern, geschminkte, zerstörte Gesichter ... Natalia! Der einzige, der nicht vergeht, ist der, den wir gewählt haben."

Eilig verabschiedete sich Gino. Er mußte zu seinen Kranken. Nun waren sie allein, und Chiara konnte auf den fragenden Blick von Natalia antworten: „Als du gestern weggingst, kehrten wir noch einmal zu unserem Haus zurück. Eines wurde uns dabei klar: Schlafen konnten wir dort nicht mehr. Die Bomben hatten nur noch Ruinen hinterlassen, und wer weiß, ob nicht noch Blindgänger darin lagen. Vorsichtig haben wir uns mit dem Vater vorgetastet, um wenigstens ein paar Habseligkeiten sicherzustellen, dann entschlossen wir uns, im Freien zu übernachten, auf ein paar Decken zwischen den Bäumen von *Goccia d'oro*. Meine Schwestern schliefen bald ein. Vater und Mutter sprachen über den nächsten Tag. Sie wollten früh aufstehen, die wenigen Dinge zusammensuchen und eine Zufluchtsstätte außerhalb der Stadt finden.

Ich konnte nicht einschlafen. Die Stadt verlassen? Nein! Ich konnte nicht weg! Jäh kam es mir

32

zum Bewußtsein: Ich hatte im Dezember Gott versprochen, in Trient zu bleiben, was auch immer geschehen würde ... Wer hätte damals das alles geahnt? Vater und Mutter ... — sie werden nur das mitnehmen, was sie selber tragen können; denn es gibt ja keine Fahrzeuge. Sie werden allein gehen müssen, ohne meine Hilfe. Die zwei Schwestern sind noch klein, und Mama ... — darf ich sie jetzt allein lassen? Ich konnte die Tränen nicht mehr zurückhalten. Mama merkte es: ‚Komm, sei tapfer und weine nicht. Alles geht vorbei, auch das. Wir werden sicher einen guten Menschen finden, der uns aufnimmt. Hab' keine Sorge!'

Da fiel mir ein Satz von Horaz ein: Omnia vincit amor! — ‚Alles überwindet die Liebe!' Alles? Auch das? War es nicht eine Grausamkeit? Alles überwindet die Liebe! Ja, die Liebe würde auch das überwinden. Ich hatte Gott mein ‚Ja' gesagt. Da überkam mich ein Friede und eine Stärke, die ich vorher nicht gekannt hatte.

Um 4 Uhr standen wir auf. Wie konnte ich jetzt den anderen meinen Entschluß mitteilen? Aber ich hatte keine Angst mehr. Wir gingen noch einmal zu unserem Haus. Ich lief voraus, weil ich nichts mehr zu verlieren hatte. Ich fürchtete mich nicht mehr vor Bomben oder Blindgängern ...

Das war der Augenblick, meinen Vater anzusprechen: ‚Papa, ich muß dir etwas sagen. Ich habe dem Herrn versprochen, die Stadt nicht zu verlassen. Um keinen Preis ... Jetzt muß ich euch allein lassen ...' Papa hatte bei den ersten Worten überrascht aufgeblickt. Schweigend schaute er mich an. Dann sagte er: ‚Geh, Chiara! Du gehorchst Gott. Ich gebe dich frei.'

Ich konnte es nicht fassen! Froh lief ich zur Mutter, in der Meinung, daß auch sie meine Entscheidung verstehen würde, aber es war viel schwerer. Doch ich konnte ihr gut nachfühlen. Vater sprach noch lange mit ihr.

Glaub mir, Natalia, der schrecklichste Augenblick war der, als ich meinen Rucksack der Mutter auf die Schultern legen mußte. Sie schlugen den Pfad ein, der zur Ebene führt, und ich machte mich auf den Weg zurück in die Stadt. Als ich in die Via-III-Novembre einbog, packte mich eine Frau am Arm. Sie schüttelte mich und schrie mich an: ‚Vier sind mir umgekommen, Chiara!' Ich erkannte sie, es war eine Nachbarin. Sie schien vor Verzweiflung den Verstand verloren zu haben. ‚Vier sind mir umgekommen', schrie sie unablässig. Schlagartig fielen mir meine Vier ein, die ich allein auf der Straße nach Civezzano gelassen hatte. Die Meinen aber lebten ...

Natalia, da habe ich verstanden, daß ich nicht an meinen Schmerz denken sollte, sondern an die Not dieser Frau und der ganzen Menschheit. Wenn ich Gott wirklich lieben möchte, muß ich für die leben, die leiden. So bin ich lange bei der Frau geblieben ..."

Später hat Chiaras Mutter Natalia erzählt, daß sie nach dem Abschiedsschmerz eine unerklärliche innere Ruhe verspürt hatten. Nach wenigen Kilometern fanden sie jemand, der sie gern in sein Haus aufnahm.

Für Chiara muß es ein Trost gewesen sein, ihre Familie in Sicherheit und bei guten Menschen zu wissen. Das Wort Jesu ist wirklich wahr: „Gebt, dann wird auch euch gegeben werden!" Aber es verlangt Mut ...

Nach der Bombennacht trafen sich Chiara und Natalia mit Dori, Giosi und einigen anderen. Sie fragten sich, welch tieferen Sinn das alles haben könne. Dann begleiteten sie Chiara zu einer Bekannten, die mit ihrer alten Mutter am Kapuzinerplatz wohnte. Sie würde dort übernachten können. Sie konnten nicht zusammenbleiben. Ein neues Abenteuer begann.

Verschworen
auf Gedeih und Verderb

Es war immer sehr unangenehm, wenn sich meine Mutter aufregte. Da war zum Beispiel die Geschichte mit den Handschuhen. Es kam so: Wir hatten eine Familie getroffen, die ziemlich arm dran war. Der Vater im Krieg umgekommen, der älteste Sohn hatte Tbc. Mit meinen Freundinnen kratzten wir das Letzte zusammen, um ihnen zu helfen. Dori kam mit einem Riesensack an. Auch ich hatte etwas aufgetrieben. Wir kamen uns vor wie die Nikoläuse. Ich weiß nicht, wessen Freude größer war, die der Familie oder die unsrige. Beim Weggehen wollte uns die kleine, 10jährige Marcella ein Stück begleiten. Sie fror, und ihre Hände waren ganz blau. Verstohlen betrachtete ich meine gestrickten Handschuhe, die gerade dieses Jahr in Mode waren. Entschlossen streifte ich sie ab und gab sie dem kleinen Mädchen ...

Ein paar Tage darauf hat mich die Mutter nach den Handschuhen gefragt. Ich erklärte ihr, daß ich sie neulich, als es so kalt war, einem Mädchen geliehen hätte. Ich befürchtete das Schlimmste ... — doch dann fiel mir ein, wie ich die Situation retten könnte: Ich sagte, daß bei dem Mädchen zu Hause alle unter Tbc-Verdacht stünden, und deswegen sei es doch nicht ratsam, die Handschuhe wieder zurückzuverlangen. Das war zwar geschwindelt, aber es haute hin. Klar, daß die Mutter nichts dagegen einwenden konnte, und so kam ich diesmal ungeschoren davon.

Im neuen Schuljahr waren viele Neue in unsere Klasse gekommen. Die Pausen waren eine willkommene Gelegenheit, einander näher kennenzulernen, auch wenn wir einander noch fremd waren. Man munkelte, unsere Klasse sei zu groß und müsse deshalb geteilt werden. Da kam mir eine Idee: Wir könnten doch für die neue Zusammensetzung selbst einen Vorschlag machen. Alle waren davon begeistert. Sofort hockten wir uns zusammen.

Wie sollten wir vorgehen? Zuerst einmal die herauslassen, die zuviel Bammel vor den Lehrern haben oder nur für gute Noten büffeln. Die blonde Dulcinea lassen wir drin, auch wenn sie ein bißchen komisch ist – jedenfalls weiß sie, was sie will ...

Clementi und ich gingen dann mit dem Verzeichnis in der Hand zum Schulleiter. Alle waren gespannt ... Als wir das Lehrerzimmer wieder verließen, atmeten wir auf. Der Schulleiter war mit unserem Vorschlag einverstanden. Einige Tage später sagte mir Bernardine, daß einige Eltern über unsere Einteilung gemeckert hätten. Komisch. Hatten wir doch die Sache unter uns ausgeheckt. Wir waren zufrieden; genügte das nicht?

Die Schule nahm mich jetzt viel weniger in Beschlag als früher. Ich beschränkte mich einfach darauf, das gut zu tun, was in jedem Augenblick von mir gefordert wurde. Und ich merkte dabei, daß ich langsam freier wurde. Ob mir ein Fach mehr oder weniger gefiel, spielte immer weniger eine Rolle. Übrigens, in der Schule wußte noch niemand, was zwischen mir, Chiara und den anderen Freundinnen entstanden war. Das blieb vorläufig noch unser Geheimnis.

Nach dem Unterricht schlug ich manchmal den Weg nach der Via Manzini ein. Dort arbeitete Dori im Geschäft ihrer Mutter. Wir hatten uns immer viel zu erzählen. Eines Tages sah ich von weitem, wie sie gerade die Rolläden der Bäckerei schloß.

— „Ciao, Silvana!"
— „Grüß' dich, Dori!"
— „Du, gestern abend ist es gut gegangen."
— „Mit der alten Carmelina?"
— „Ja. Sie hat sich so gefreut, daß sie Claudia und mich beim Abschied sogar umarmte. Leicht war es nicht, es dieser Frau recht zu machen. Alles ging ihr gegen den Strich. Auch als wir ihr die Fenster putzten und den Boden schrubbten, blieb sie mürrisch und schaute einem fast nie ins Gesicht. Wir wußten nicht mehr, was wir noch für sie tun sollten. Trotzdem versuchten wir, ihr so zu begegnen, als wäre sie der freundlichste Mensch der Welt. Ganz am Schluß ist das Eis gebrochen. Sie hat uns ihr Herz ausgeschüttet. Unter Tränen erzählte sie, daß sie drei Kinder verloren hat. Nein, sie könne nicht mehr glauben. Die Menschen seien ihr

38

gleichgültig geworden. Unsere Hilfe sei ihr schon willkommen, aber unsere Anwesenheit erinnere sie dauernd an ihre Kinder. Das tue ihr halt weh. Doch jetzt betrachte sie uns nicht mehr als Fremde. Sie habe in uns ihre Töchter wiedergefunden."

Wir schlossen die Ladentür ab und machten uns auf den Heimweg. Mit einem Arm hängte ich mich bei Dori ein, unter den anderen hatte ich die Schultasche geklemmt.

— „Weißt du, Dori", sagte ich leise, „jetzt habe ich verstanden, was es mit der Liebe zu den Armen auf sich hat. Vor einigen Tagen tauchte ein Bettler bei uns auf. Hasso, unser Hund, wollte ihn anspringen. Ich pfiff ihn sofort zurück. Der Bettler war richtig ausgehungert. Als er mit dem Essen fertig war, bat er mich um ein Paar Schuhe. Er trug ganz ausgetretene Latschen an den Füßen, und draußen regnete es in Strömen. Was nun? Ich hatte doch keine Männerschuhe. Da erinnerte ich mich, wie ihr früher einmal mit einem fast unverschämten Vertrauen Gott um ein Paar Schuhe Größe 42 gebeten habt. Und kam dann nicht prompt Duccia mit einem Paar Herrenschuhe Nr. 42 zu euch? Das hat mir Mut gegeben. So sagte ich zu dem Bettler, er solle am nächsten Tag wiederkommen. Ich würde inzwischen ein Paar Schuhe für ihn auftreiben.

Kaum war er weg, habe ich mit meiner Kusine die Sache Jesus anvertraut, so wie ihr damals. Nach dem Abendessen meinte meine Tante, die in der ganzen Verwandtschaft als ziemlich geizig bekannt ist, sie habe noch ein Paar Schuhe von ihrem Sohn, mit denen sie eigentlich nichts Rechtes anzufangen wisse. Ich fiel aus allen Wolken: Von allen hätte ich mir so was erwartet, nur nicht von ihr! Schnell packte ich die Schuhe, eilte die Treppe hinauf und putzte sie blitzblank.

Gestern stand der Bettler wieder vor der Tür. Mein Herz klopfte vor Aufregung: Würden ihm die Schuhe wohl passen? Ich beugte mich nieder, um sie ihm selbst anzuziehen, meine Hände zitterten ... Ja, sie paßten. Er stand auf und ging einige Schritte hin und her. ‚Die passen wie angegossen‘, sagte er bedächtig. Ich war glücklich, überglücklich.“

Inzwischen waren wir an der Kreuzung angelangt und bogen in die Via Trovai ein, wo Natalia früher gewohnt hatte. Nach der Bombardierung war von ihrem Haus nur noch das Kellergewölbe übriggeblieben. In der ersten Zeit hatte sich Chiara dort jeden Morgen mit den anderen getroffen, manchmal auch am Abend nach der Arbeit. Sie lasen bei Kerzenschein gemeinsam im Evangelium, und da waren sie zum erstenmal auf das neue Gebot gestoßen: „Liebt einander, wie ich euch geliebt habe!“

Einmal hat mir Natalia davon erzählt: „Wir alle waren bereit, füreinander durchs Feuer zu gehen. Wir hatten entdeckt, was wahre Liebe ist, und hielten dieses Leben untereinander wach.“ Natalia wurde sehr ernst: „Wir haben auch einen Pakt ge-

40

schlossen. Wir wollten in allem und vor allem anderem die gegenseitige Liebe wahren: bevor wir zur Schule gehen, vor der Büroarbeit, vor einem Einkauf, bevor wir die Armen besuchen, bevor wir beten, vor allem, was wir tun. Und wir haben uns versprochen: Ich bin bereit, mein Leben für dich zu geben; du für mich, für Giosi, für Claudia ... Nichts, auch nicht einen Schritt wollen wir tun, ohne daß wir uns dessen sicher sind. Unser Leben hat einen anderen Geschmack bekommen ... Von diesem Augenblick an spürte ich, daß wir eine Einheit geworden waren, die nichts und niemand auseinanderbringen bringen konnte, eine geballte Ladung."

Die Worte von Natalia haben mich tief getroffen. Mir wurde fast schwindelig — gemeinsam verschworen auf Gedeih und Verderb ...

Heraus mit der Sprache!

Ich konnte nicht mehr länger hinter dem Berg halten, ich mußte einfach davon reden, auch zu meiner Mutter. Eigentlich konnte ich ihr immer alles sagen; sie verstand mich. Wir waren wie zwei Freundinnen und hatten in vielem den gleichen Geschmack. Außerdem gefiel ihr immer alles, was neu und gewagt war. Ich habe sie schon am Steuer gesehen, als ich noch ganz klein war und noch fast keine Frau einen Wagen fuhr. Außerdem konnte sie Geheimnisse für sich behalten. Alles in allem: Wir verstanden uns.

Von meinem neuen Abenteuer hatte ich ihr noch nichts gesagt, auch wenn sie sicher längst etwas davon ahnte. Es war an einem Samstag. Ich wusch mich in der Küche, wo sie gerade das Abendessen richtete. Während ich mir die Arme einseifte, betrachtete ich das Wasser in der Schüssel und wollte anfangen zu erzählen … Kaum ein Wort brachte ich heraus. Sicher würde sie das Wort ergreifen! Schweigen. Meine Mutter sagte nichts; ein Zeichen, daß sie nicht zufrieden war. Warum wohl? Ich wagte nicht, mich umzudrehen und sie anzuschauen. Mir war etwa so zumute wie damals meiner Schulfreundin, als sie den Eltern ihre Liebe zu Roberto gestand. Ja, auch ich hatte meine große

Liebe gefunden und wollte, daß man *ihn* kennenlernt …

Mit leicht erregter Stimme brach meine Mutter endlich das Schweigen: „Mußt du deswegen jeden freien Augenblick nach Trient fahren? Mir scheint, du übertreibst, das alles kannst du auch daheim leben!"

Aber ich *mußte* dorthin gehen. Ohne die anderen konnte ich mir mein Leben nicht mehr vorstellen. Das Beisammensein gab mir jedesmal neuen Schwung. Ich wollte so viele Dinge sagen, aber meine Freude war dahin. Ich starrte auf das seifig gewordene Waschwasser und schluckte die Tränen hinunter. Es war hoffnungslos, diesmal hat mich meine Mutter nicht verstanden. Zwischen ihr und mir war eine Tür zugefallen.

Die nächsten Augenblicke kamen mir vor wie eine Ewigkeit. Wortlos standen wir da. Da kam mir ein Gedanke: Auch meine Mutter ist ein Nächster, den man lieben kann … Hoffentlich hat sie nicht allzu deutlich gemerkt, was in mir zerbrochen ist. Die Seife rutschte vom Stuhl, ich erwischte sie unter dem Küchenschrank … Dann richtete ich mich auf und wandte mich um: „Mama, soll ich jetzt das Gemüse putzen oder ist es dir lieber, wenn ich den Tisch decke?"

Marco

Am Samstag gingen wir wie immer zu unserem „Meeting" um 3 Uhr nach St. Markus. Vor dem Saal warteten schon sechs junge Leute auf uns. Unser Religionslehrer hatte sie mitgebracht. Marco, der Bruder von Maria, der nie etwas von uns wissen wollte, war auch dabei. Maria hatte oft darunter gelitten, weil er zu denen in Trient gehörte, die uns für überspannt hielten, obwohl er doch sonst ganz in Ordnung war. Sie blickten uns neugierig an; der Religionslehrer hatte ihnen nicht genau gesagt, was sie erwarten würde. Als Chiara zu sprechen begann, hörten sie aufmerksam zu. Ich beobachtete, wie Marco Chiara nicht aus den Augen ließ.

„Weißt du Silvana", sagte er mir später, „eigentlich bin ich immer Christ gewesen. Du kennst ja meine Familie. Aber ich habe noch nie so von Gott sprechen hören. Ich war wie ein trockener Schwamm, der sich endlich vollsaugen konnte.

Als meine Kameraden am Schluß des Treffens anfingen, über die Einheit, von der wir gesprochen hatten, zu diskutieren, war es für mich wie ein böses Erwachen. Diese Dinge waren tief in mich eingedrungen, so daß ich befürchtete, daß die Diskussion alles zerstören würde. Als wir weggingen, hielt mich der Religionslehrer zurück und sprach mich in seiner direkten Art an:

– ‚Bist du nicht Elektriker, Marco?‘

– ‚Ja.‘

– ‚Hast du diese Mädchen gesehen?‘

– ‚Ja.‘

– ‚Die geben alles den Armen. Am Monatsende haben sie keinen Pfennig mehr.‘

Ich schaute ihn überrascht an und versuchte zu begreifen, worauf er hinaus wollte.

– ‚Sie könnten manchmal deine Hilfe brauchen, was meinst du dazu?‘

– ‚Sicher!‘ antwortete ich schnell; denn ich hoffte, es würde sich dabei eine Gelegenheit ergeben, noch mehr über euch zu erfahren.

Einige Tage später ging ich zu euch. Bei einem kleinen elektrischen Ofen mußten die Widerstände ausgewechselt werden. Weißt du noch, wir haben damals nur wenige Worte miteinander gewechselt; ihr habt mich bestimmt nicht für eure Ideen erobern wollen. Seit der Zeit kam ich oft wieder, in den Arbeitspausen, während der Essenszeit oder am Nachmittag – es waren die schönsten Augenblicke für mich. Auf einer Leiter vielleicht, die Arme lahm von der langen Arbeit an der Decke, hörte ich eure Gespräche.

Eines Abends war ich länger als gewöhnlich dort. Da lud mich Chiara ein, mich ein bißchen auszuruhen. Sie wandte sich zu mir wie an einen Bruder und sprach von einer ‚Revolution‘, einer

Revolution, die wir Christen machen müßten: so leben, daß Christus durch uns leben und wirken kann. Sie sagte, daß wir oft die Maske von Christen aufsetzten, wenn wir zur Kirche gingen, sie aber wieder ablegten, wenn wir in die Familie oder zum Arbeitsplatz zurückkehrten. Wenn Christus heute in die Welt käme, wäre er ein Arbeiter, vielleicht ein Elektriker, der in seine Werkstatt geht, und er wäre auch dort immer Jesus, 24 Stunden auf 24 Stunden.

In dem Augenblick geschah in mir dasselbe wie bei euch, als die Bomben fielen: Ich sah mein Leben zusammenstürzen. Ich hatte bis dahin immer geglaubt, ein recht ordentlicher Kerl zu sein, aber hier sah ich, daß mein Christentum kilometerweit entfernt war von dem, was sich mir da zeigte. Sicher, Christus bedeutete für mich etwas, aber er hatte eben vor 2000 Jahren gelebt, er war so weit weg! Chiara stellte ihn lebendig vor mich hin, in einem Arbeiteroverall wie meinem, und ich begriff, daß ich ihn wirklich lieben konnte, nicht nur in Gedanken, sondern ganz konkret. Ich begriff, daß ich, ich armer Teufel, durchs Leben gehen konnte als ein anderer Jesus."

„Es ist nicht so, daß es mir tags darauf schon besser gegangen wäre", erzählte Marco weiter. „Ich bin einer von den Typen, die leicht an der Oberfläche bleiben. Außerdem war das Betriebsklima an meinem Arbeitsplatz ziemlich unter dem Strich. Jeder dachte nur an seinen eigenen Vorteil. Als ich dort hinkam, war ich gerade 19 geworden. Einer meinte, ich solle mich nicht so anstellen; bald würde ich genauso werden wie all die anderen. Ich aber zeigte ihnen die Zähne und wehrte mich mit allen Mitteln. Die Art und Weise, wie ich versuchte, die Kirche zu verteidigen oder ihr wüstes Fluchen zu beenden, führte zu endlosen Streitereien. Einem Dreher zu sagen, er sei ein dummer Kerl, wenn er seine verschmierten Hände drohend erhebt und einen Schwall von Schmähungen losläßt, erfordert schon eine gehörige Portion Mut ... Ich mußte mich oft zurückhalten und einen günstigen Augenblick abwarten, wenn ich von ihm etwas brauchte.

An jenem ersten Tag nach dem Gespräch mit Chiara gelang es mir nur mit Mühe, mich zusammenzureißen, wenn einer in anmaßendem Ton meine Hilfe verlangte. Bei allen guten Vorsätzen rutschte mir doch immer wieder eine messerscharfe Antwort heraus.

Als ich Chiara davon erzählte, sagte sie: ‚Marco, erinnerst du dich an das Wort: Wenn einer etwas gegen dich hat und du zum Gottesdienst gehst, kehr um und bring zuerst die Sache ins reine. Dann komm wieder ...?' Die Feuerprobe ließ nicht lange auf sich warten.

Es war einige Tage später. Kurz nach Feierabend ging ich noch einmal in den Betrieb, um eine Verkleidung für das Ofenrohr in der Wohnung am Kapuzinerplatz herzurichten; denn das Rohr paßte nicht genau in das Mauerloch, und der Ruß schwärzte dauernd die Wand. Ich hatte in der Werkstatt ein Stück Abfallblech gefunden und wollte gerade die Vorrichtung fertigmachen.

In diesem Moment kam der Werkmeister herein, einer von denen, die sich immer sehr wichtig vorkommen.

– ,Was machst du da?' fuhr er mich an. Ich erklärte es ihm.

– ,Wen hast du gefragt, und wer hat dir das Blech gegeben?'
Diese Fragerei ging mir auf die Nerven. Denn daß das Blech Abfall war, sah jeder.

– ,Hätte ich etwa den Abteilungsleiter fragen sollen?' gab ich barsch zurück. Dabei warf ich ihm einen zornigen Blick zu, der mehr besagte als viele Worte. Wütend drehte sich der Meister um und ließ die Tür krachend ins Schloß fallen. Ich arbeitete weiter, doch wohl war mir bei der ganzen Sache nicht. Vielleicht war er doch nicht so ganz im Unrecht... Aber warum sagte er nichts, wenn meine Arbeitskollegen nach Feierabend weitermachten und manchmal Material verwendeten, das nicht aus dem Abfall kam? Kein Hahn krähte danach! Außerdem hatte er mich in einem Ton angefahren, als ob ich ein Schuljunge wäre. Ich wusch mir die Hände, band die Abdeckung über die Lenkstange und radelte los in Richtung Kapuzinerplatz.

Das unbehagliche Gefühl wurde immer stärker. Ich versuchte mich zu beruhigen: So schlimm war es nun auch wieder nicht; schließlich ist er daran gewöhnt, so behandelt zu werden. Er würde bestimmt kein Aufhebens davon machen. Den Wutanfall hatte er sicher längst überstanden. So überlegte ich. Immer langsamer trat ich in die Pedale und verlor fast den Mut, in die Straße zum Kapuzinerplatz einzubiegen. Ja, es stimmt, er ist ein ungehobelter Kerl. Aber, wenn einer etwas gegen dich hat, bring die Sache ins reine ..., ging es mir durch den Kopf. Ich gab mir einen Ruck und drehte um.

Im Büro brannte noch Licht. Zaghaft klopfte ich an. Der Werkmeister empfing mich in seiner rauhen Art: ‚Was willst du?' Ich brachte zunächst kein Wort heraus. Dann stotterte ich: ‚Sie erinnern sich ... heute ... Sie haben eine Bemerkung gemacht wegen des Stücks, das ... Sehen Sie, die Sache hat mich nicht in Ruhe gelassen. Und jetzt bin ich da und möchte mich bei Ihnen entschuldigen!'

Ich machte mich auf einen neuen Wutausbruch gefaßt. Aber nichts dergleichen. Ein langes Schweigen, wir waren beide verlegen. Dann drückten wir uns stumm die Hand, und ich machte mich eilig davon. Das Abdeckblech klingelte lustig an der Lenkstange, und vor lauter Freude begann ich zu pfeifen.

Ein paar Tage darauf ging dem Dreher ein Werkstück total in die Brüche. Ich stand neben ihm; er hob das Stück vom Boden auf, wir schauten uns an und lächelten beide.

Ja, und dann war da noch die Werkzeugschublade: der unantastbare Bereich eines Facharbeiters. Auch ich hatte eine eigene Schublade. Wenn ich etwas herausnahm, schloß ich sie hinterher sorgfältig zu, genauso wie die anderen Arbeiter auch. Alles war darin fein säuberlich geordnet: Hammer, Schraubenzieher in allen Größen und mein elektrischer Lötapparat mit allen Schikanen ... Diese Dinge leiht man niemandem ...

Eines Tages jedoch ließ ich die Schublade offen. Wenn man für die anderen sogar das Leben geben soll ... Gewiß, es ist wahr, daß ich mir mein Werkzeug manchmal selber wieder zusammensuchen und saubermachen mußte; aber was tat's? Das Betriebsklima war mir mehr wert als ein Schraubenzieher. Später merkte ich, wie auch die anderen allmählich eingefahrene Verhaltensweisen aufgaben.

Im September 1944 fand ich durch einen glücklichen Umstand für Chiara und die anderen eine kleine Wohnung. Eine Familie, die evakuiert worden war, hatte sie uns überlassen.

Dort hörte ich Chiara von dem sprechen, der ihrem Leben eine Wende gegeben hatte. Wir saßen damals vor dem Arbeitstisch, über dem ein Bild des Gekreuzigten hing. Ich wußte noch nicht, daß vom Kreuz ein besonderes Licht ausgeht; für mich war Kreuz gleichbedeutend mit Schmerz. Ich wußte noch nicht, daß gerade dort, wo der größte Schmerz ist, auch die größte Liebe ist. Wenn Jesus uns so geliebt hatte, durften wir ihm die Antwort auf seine Liebe schuldig bleiben?

Ich weiß noch genau, was ich dachte, als Chiara

darüber sprach: Nur leiden? Wie lange werde ich leben? Vielleicht 50 Jahre? 50 Jahre leiden? Es ist eine lange Zeit, aber auch sie geht zu Ende. Gott dagegen hört niemals auf. Und ich sagte mir: Auch ich will mich wie diese Mädchen für Christus in seiner Verlassenheit entscheiden.

Einige Tage später ging ich mit Chiara durch die Straßen der Stadt. Ruinen zerbombter Häuser, obdachlose Menschen, Flüchtlingselend. Wir hatten einen großen Glauben: Einmal werden alle den am Kreuz gescheiterten Gott anerkennen; denn er ist die Antwort auf alle Probleme und Nöte der Menschen."

Diese Eltern!

Meine Eltern konnten sich nicht erklären, daß ich mich so verändert hatte. Sie waren geradezu besorgt und schleppten mich zum Arzt. Ich war tatsächlich verändert: Ich rannte nicht mehr wie verrückt durchs Haus, knallte die Türen nicht mehr hinter mir zu und kommandierte meine kleine Schwester nicht herum, wie es mir gerade paßte. Der Arzt hat mich gründlich untersucht und mir dann ein vitaminhaltiges Aufbaumittel verschrieben … Was manchmal allerdings echte Schwierigkeiten verursachte, war der Umstand, daß ich sonntags kaum mehr zu Hause war. Langsam verstanden meine Eltern überhaupt nichts mehr.

Eines Tages kam Graziella untröstlich zu mir. Ihr Vater hatte endgültig entschieden, sie nicht mehr nach Trient zur Arbeit gehen zu lassen. Die Gefahren seien zu groß. Das bedeutete, daß Graziella das Leben in unserem Team aufgeben sollte. Wie oft hatte sie sich in der Vergangenheit vergeblich nach Glück gesehnt. Mit 18 Jahren war sie zu der Überzeugung gelangt: Das Leben ist nicht lebenswert, die Gegenwart ist leer, und die Zukunft läßt auch nichts erhoffen.

Jetzt hatte sie endlich einen Sinn für ihr Dasein

gefunden, etwas, wofür sie leben wollte. Und ausgerechnet jetzt sollte sie weggehen müssen! Graziella war ganz verstört; denn sie wußte nur zu gut, daß sie noch ganz am Anfang dieses neuen Lebens stand und allein kaum die Kraft finden würde, es auch anderen weiterzugeben. Zum Glück ließ sich ihr Vater nach langem Hin und Her doch noch überzeugen, und einige Zeit später willigten die Eltern sogar ein, daß Graziella bei Chiara und den andern am Kapuzinerplatz einzog. Die Möbel ihres Schlafzimmers waren überhaupt die ersten Möbel, die sie bekamen. Bis dahin gab es nur Feldbetten oder Matratzen auf dem Fußboden.

Ihr Vater hatte am frühen Morgen, fast verstohlen, die Sachen eigenhändig auf einen Pferdewagen gepackt. Auch eine kleine Kiste mit Schreinerwerkzeug war dabei: Hammer, Nägel, Schraubenzieher und Schraubenschlüssel. Die Mutter stellte Gläser mit eingemachtem Obst für den Winter dazu und alles, was sie in jenen schweren Zeiten an Wäsche zusammenbringen konnte. Niemand von der Familie verstand so recht, was diese Töchter eigentlich wollten. „Sie arbeiten, um anderen Gutes zu tun", war die zurückhaltende Antwort, die sie auf neugierige Fragen der Nachbarn gaben.

Wir hatten einen Weg gefunden, den wir mit allen Menschen gehen konnten. Es war, als hätte man uns eine Eintrittskarte angeboten, und wir brauchten sie nur noch allen in die Hand zu drücken: den Leuten auf der Straße, den Studenten, den Arbeitern, den Großen und den Kleinen. Alle Wege waren recht, wenn man dabei dem Weg Jesu folgte: Es genügte zu lieben, und wer sollte nicht lieben können?

Da war auch Johanna. Sie war verlobt und gehörte ebenfalls zu unserem Team. Ihr Freund war noch im Krieg. Die Familie war auseinandergerissen, und sie litt sehr darunter. Sobald Andreas zurückkäme, wollten sie heiraten, und ihre Familie sollte auf ein festes Fundament gegründet sein: auf der totalen Entscheidung für Gott.

In der Schule mußte ich mich zum Schluß sehr anstrengen, um die Fünf in Naturkunde wieder auszuwetzen. Ich möchte fast sagen, daß meine Lehrerin mir da böse mitgespielt hatte; denn man fragt nicht zwei Tage hintereinander dieselbe Person über den Blutkreislauf aus, zumal ich nicht wußte, ob er überhaupt jemals erklärt worden war.

Auf keinen Fall konnte ich mir leisten, am Ende des Halbjahres eine Fünf im Zeugnis nach Hause zu bringen, sonst hätten meine Eltern bestimmt behauptet, meine neuen Freundschaften seien daran schuld. Darum bat ich die Lehrerin — und das kostete mich allerhand —, nochmals geprüft zu werden. Und tatsächlich: Es haute hin!

In Italienisch ging es besser. Eine Zwei bei der ersten Klassenarbeit über Dante war keine Selbstverständlichkeit. Wenn ich an Latein denke, muß ich heute noch lachen. Der Professor war neu und kannte uns noch nicht gut. Eines Tages kam er mit einem Stoß korrigierter Hefte an. Er knallte sie aufs Pult. Halb zornig, halb verlegen begann er den Unterricht mit einer Schimpftirade über unsere Unwissenheit: Wir hätten nicht die blasseste Ahnung, was Latein eigentlich sei. Dann packte er das oberste Heft, schlug es auf und begann, eine Reihe „kapitaler Böcke" vorzulesen. Ich schüttelte den Kopf. Einige Fehler waren wirklich unverzeihlich. Unglaublich, daß einer in unserer Klasse so einen Blödsinn schreiben konnte. Dann begann der Professor, mit diesem „Musterbeispiel" in der Hand, die Hefte an die Eigentümer zurückzugeben. Vierer gab es nur wenige. Komisch, mein Name kam nie an die Reihe …

Zum Schluß reichte mir der Lehrer mit vielsagendem Blick das besagte Heft. Ich traute meinen Augen kaum! Es war wirklich meines. Ich wurde fast so rot im Gesicht wie die schöne Fünf am Ende der Seite. Diesmal war der Schuß nach hinten losgegangen …

Unsere „Magna Charta"

Der Pfarrsaal von St. Markus, in dem wir uns samstags immer trafen, war einfach zu häßlich. Wir hatten uns gedacht, daß da etwas geschehen mußte. Jetzt hing quer über die hintere Wand ein farbiges Schriftband: „Daran sollen alle erkennen, daß ihr meine Freunde seid: wenn ihr einander liebt."

Ich hatte die Aufgabe übernommen, einige solcher Schriftzüge zu machen, aber ich hätte nie gedacht, daß diese Arbeit soviel Zeit kosten würde. Hunderte kleiner und großer Buchstaben auszuschneiden und an die Wand zu kleben, das war eine mühselige Angelegenheit …

Weil ich mich nun einmal zur Verfügung gestellt hatte, begann ich, die Sache gut zu organisieren: In der Schule richtete ich in meiner Bankreihe eine Art Fließbandarbeit ein. Aus Muttis Nähkasten hatte ich zwei Scheren stibitzt, dann besorgte ich mir weißen Karton, verschiedenfarbenes Glanzpapier, zwei Fläschchen Stärkekleister und Buchstaben aus dünner Pappe. Es klappte prima. In der zweiten Bank (oder besser: unter der zweiten Bank) fing die Arbeit an: Nach einem vorgefertigten Modell wurden weitere Buchstaben auf weißem Karton vorgezeichnet, die in der dritten Bank sorgfältig ausgeschnitten wurden. Die Parole hieß: Mit dem Kopf aufpassen und mit den Händen arbeiten.

Alle machten mit, ohne allzuviel zu fragen. Und in zwei Wochen hatten wir die Schriften fertig. Die Lehrer merkten zwar, daß irgend etwas nicht ganz stimmte, aber keiner kam uns auf die Schliche.

Meine Zeit war immer knapp bemessen. Um 7.15 Uhr trafen wir uns im Saal von St. Markus, um den Tag gemeinsam zu beginnen. Das bedeutete, daß ich um 6.35 Uhr daheim weggehen mußte, 40 Minuten zu Fuß. Gott sei Dank ging der Weg bergab. Aber diesen gemeinsamen Start wollte ich um keinen Preis versäumen.

Einmal haben wir etwas Tolles über den Ambrosius von Mailand gelesen. Er war so erfüllt von der Liebe zu Gott, daß die vornehmen Mailänder ihren Söhnen und Töchtern verboten, zu ihm zu gehen; denn sie verließen scharenweise ihre Paläste und verkauften ihre Güter, um sich ganz Gott zur Verfügung zu stellen.

Um 7.40 läutete es schon zur Messe, und um fünf nach acht kündigte das zweite Zeichen der Schulglocke den endgültigen Beginn des Unterrichts an. Es ist mir immer gelungen, zwischen dem ersten und zweiten Läuten da zu sein. In der 11-Uhr-Pause konnte ich endlich mein Frühstücksbrot verzehren. Manchmal kam es vor, daß mir der Magen schon bis zu den Fersen hing.

Es erschien uns als eine tolle Chance, als etwas ganz Kostbares, daß wir Jesus in der Eucharistie empfangen konnten. Wir sagten uns: Oft sind wir wirklich dumm. Er ist der Allmächtige, und wir lassen ihm so wenig Spielraum in uns. Wir möchten doch sein Testament verwirklichen: Vater, alle sollen eins sein. Die Einheit soll unsere „Magna Charta" sein. Aber das ist schwer, und man muß den Vater bitten, daß er den Stein ins Rollen bringe.

In der Bibel heißt es: „Fordere von mir, und ich gebe dir die Völker zum Erbe, die Enden der Erde zum Eigentum." Ja, damit sich das Testament Jesu bis zu den äußersten Grenzen der Erde verwirklicht. Wir waren gewiß, daß er geben wird, was er versprochen hat.

Die Jahre vergingen. Doch auch nach dem Krieg haßten sich die Menschen weiter. Viele litten Hunger, Deutschland war geteilt, und manche lebten sich in einer Art Nachholbedürfnis rücksichtslos im Vergnügen aus. Sicher, es fielen keine Bomben mehr, und der Tod stand den Menschen nicht mehr so unmittelbar vor Augen, aber ...

Eine Villa in Trient

Nichts gegen das Landhaus, in dem wir wohnten! Aber es war höchste Zeit, meinem Vater klarzumachen, daß wir wieder in die Stadt zurückkehren wollten. Der lange Schulweg nach Trient war für meine Schwester und mich halt doch ziemlich anstrengend. Oft war meine kleine Schwester todmüde, und ich mußte sie fast mit Gewalt hinter mir herschleppen.

Einmal, als sie auf dem Gepäckträger saß, habe ich sie unterwegs verloren, besser gesagt, der Schirm, den sie in der Hand hatte, ging auf und zog sie wie ein Segel auf den Boden. Sie schlitterte einige Meter auf dem nassen Asphalt dahin, bis ich es richtig merkte. Zum Glück hatte sie sich nicht weiter weh getan.

Seitdem nahm ich sie vorne auf die Lenkstange. Schließlich war sie ja kein Paket, das man einfach hinten draufklemmen konnte. Viel bequemer war es allerdings auch vorne nicht. Immerhin führte die Straße zur Schule bergab. Oft fuhren wir so schnell wir konnten: Bremsen auf und los! Allerdings hatte es einen Haken, wenn meine Schwester bei mir war. Denn es blieb mir nichts anderes übrig, als sie zu unserem morgendlichen Meeting mitzunehmen.

Nach langen Überlegungen entschloß sich mein Vater endlich, nach Trient zu ziehen. Ich triumphierte. Auch die Mutter war ganz dafür. Sie hielt immer mehr zu mir. Ich glaube, sie hatte einen guten „Riecher"; sie hoffte, daß eines schönen Tages doch noch etwas Gescheites aus mir werden würde. „Silvana, wir fahren heute nach Trient. Ich habe eine Villa entdeckt, die mir gefällt. Wir wollen sie mal zusammen ansehen", sagte mein Vater eines Tages. Und so machte er sich mit mir auf den Weg in die Stadt.

Eine Villa in Trient! Wo mag das Haus nur liegen? fragte ich mich. Gegen *Goccia d'oro* hin? Oder gar in der Gegend vom Kapuzinerplatz? Das wäre natürlich besser. Aber das ist ja egal. Hauptsache: Trient. Wenn es auch weiter weg sein sollte, mit dem Fahrrad kommt man ja überall hin. Doch wenn wir einmal in Trient wohnen, werde ich vielleicht noch mehr kontrolliert als vorher ... All diese Gedanken gingen mir durch den Kopf.

Schon waren wir in der Stadt. Welche Richtung würde mein Vater einschlagen? „Das Haus wird dir gefallen, Silvana. Es ist ein kleiner Park dabei, etwas verwahrlost zwar, aber wir werden etwas Schönes daraus machen. Von der Terrasse aus kann man die ganze Stadt überblicken."

Wir hielten an einer Kreuzung. Mein Vater bog nach rechts ein. Das ist ja toll, dachte ich. Aber es kam noch besser: Als mein Vater den Wagen stoppte, befanden wir uns — am Kapuzinerplatz. „Siehst du das grüne Torgitter dort, Silvana? Dahinter ist die Villa." Genau gegenüber, auf der anderen Seite des Platzes, wohnten Chiara und die anderen! Nicht zu fassen! Am liebsten wäre ich meinem Vater um den Hals gefallen ... Aber das wäre nicht klug gewesen ... Das Haus war ja noch gar nicht gekauft, und allzuviel Begeisterung hätte alles verderben können.

Es dauerte nicht lange, und wir zogen tatsächlich dort ein!

„Drei Musketiere"
und eine vornehme Dame

Marco war vom Militärdienst zurück. Bei seiner Abfahrt hatten wir ihm jeden Tag einen Brief versprochen. Wir wollten mit ihm einen „heißen Draht" halten, damit er auf dem laufenden bleiben konnte. Seine Kameraden wunderten sich maßlos über soviel Post, noch dazu von so vielen verschiedenen Leuten. Er hatte unserer Gruppe einen kleinen Elektroherd mit zwei Kochplatten überlassen, den er selbst gebastelt hatte.

Im November '48 war es dann so weit: Auch junge Männer bildeten eine Wohngemeinschaft; die „drei Musketiere", wie sie sich manchmal scherzhaft nannten: Marco, der Elektriker, Livio, ein Arbeiter, und Aldo, ein Kunstmaler, der sich, um Geld zu verdienen, auch als Anstreicher betätigte (wenn man nichts zu beißen hat, nützt auch die Kunst nicht viel, es sei denn, man heißt Picasso). Diese Drei waren so gepackt von dem neuen Leben, daß ihnen der ehemalige Hühnerstall, in dem sie lebten, wie ein prächtiger Palast vorkam.

In Rovereto, 25 km südlich von Trient, entstand die nächste Gemeinschaft. Eine ganze Gruppe schloß sich uns dort an: Pina, Claretta, Toni, Giuseppe, Nuccia und Enzo ...

Im Dezember 1948 zogen zwei von uns nach Rom. Eine Erbschaft von Lia deckte die Auslagen für die erste Wohnung in der Ewigen Stadt.

Bahnhof Termini, Rom: Langsam kommt der Zug zum Stehen, die Türen öffnen sich, und schon stürzt Ruth Chiara und Giosi entgegen. Sie war voller Dankbarkeit für die Gastfreundschaft, die sie trotz unserer Armut in unserer Gruppe erfahren hatte. Ruth war Jüdin und keine Unbekannte für die Schlagzeilen der Zeitungen. Im Gefängnis hatte sie einen Weg zu Gott gefunden. Als sie nach ihrer Entlassung verfolgt wurde, hatten wir sie aufgenommen.

„Herzlich willkommen in Rom! Kommt! Ich habe meiner Freundin Jacoba von euch erzählt, sie erwartet euch."

Jacoba, eine vornehme Dame, empfing die drei im Empfangssalon ihres Hauses. Überall Spiegel, längs der Wände weiche Plüschsofas, indirekte Beleuchtung und so weiter. „Ich freue mich, euch kennenzulernen. Ruth hat mir schon viel von euch erzählt."

Der herzliche Ton löste sofort alle Verlegenheit, und ohne Umschweife begannen Chiara und Giosi von ihrem Leben zu erzählen: vom Krieg, von ihrer radikalen Entscheidung, von Gott, von unserer Gemeinschaft. Die Dame wandte den Blick nicht mehr von den beiden ab und hörte gebannt zu.

Schließlich lud sie alle zum Essen ein: „Ihr seid heute Mittag meine Gäste." Es läutete an der Tür;

es war ihr Mann: ein Herr mit leicht angegrauten Schläfen und gepflegtem Schnurrbart. Er grüßte, während sein Chauffeur ihm mit der Aktentasche folgte. Man setzte sich zu Tisch. Ob die beiden jungen Frauen aus dem Provinznest Trient die vorgeschriebene Etikette wahrten, sei dahingestellt. Jedenfalls blickten die Augen des weitgereisten Geschäftsmannes immer freundlicher und verrieten sichtliches Wohlwollen. Seine Frau und die Gäste redeten eine Sprache, die ihm nicht ganz geläufig war. „Gott" und „Evangelium" gehörten nicht zu seinem üblichen Wortschatz. „Wenn das Wirklichkeit werden könnte, was ihr da sagt, das wäre eine Sache! Ein echtes Vertrauensverhältnis zwischen Chef und Angestellten ... Alle hätten mehr Spaß an der Arbeit, die Produktion würde gesteigert ... Man würde sich viel weniger aufreiben und sich nicht gegenseitig das Leben versauern. Man sollte es direkt einmal versuchen ... Ihr seid unsere Gäste, solange ihr in Rom bleibt."

Hinterher sagte Jacoba zu Chiara: „Wißt ihr, mein Mann glaubt nicht an Gott, aber er ist sehr großzügig. Ich will euch mit vielen Leuten bekannt machen. Alle sollen hören, was ihr mir erzählt habt." Und sofort griff sie nach dem Telefon.

Wie eine Kettenreaktion

Als ich mich entscheiden mußte, eine bestimmte Fakultät an der Uni zu wählen, kam ich ziemlich in Verlegenheit. An sich gefielen mir mehrere Fächer. Besonders drei kamen in die engere Wahl: Architektur, Philosophie und Medizin. So konnte ich später einmal am besten meinen Mitmenschen dienen. Kurzerhand schrieb ich mich an der medizinischen Fakultät in Florenz ein. Das erste Semester begann.

Zum Glück war ich nicht allein: Jeden Tag traf ich mich mit Gaia, Giò, Vita, Spartaco und Fernandino. Wir versuchten gemeinsam, in dieser neuen Situation so zu leben wie in unserer ersten Gruppe in Trient.

Unser Treffpunkt war das Arnoufer, wo ich jetzt wohnte, oft aber auch der *Piazzale Michelangelo*. Oder wir setzten uns irgendwo in einem Park zusammen und schmiedeten Pläne. Gitarrespielen war damals noch nicht in Mode, aber wir sangen auch so unsere Lieder.

Woche für Woche wählten wir uns ein bestimmtes Motto für unser Leben. „Weg vom eigenen Ich" war zum Beispiel ein Wort, an das ich mich noch recht gut erinnere. Wie viele Gelegenheiten gab es, unser Motto in die Tat umzusetzen: wenn eine Prüfung schlecht ausgefallen war, wenn jemand von uns daheim nicht zurechtkam, wenn ich den Eindruck hatte, daß keiner mich versteht ...

Ein Problem, das uns immer wieder beschäftigte, waren die vielen Einladungen zu Partys, zu Diskussionsabenden und Tanzveranstaltungen. An sich fühlten wir uns schon davon angezogen. Aber wir fragten uns, warum wir soviel Zeit mit Dingen verlieren sollten, bei denen wenig herauskam. Wir hatten eine andere Dimension des Lebens kennengelernt. Wir suchten *ihn*, Jesus in unserer Mitte. Ohne seine Gegenwart waren wir nicht mehr zufrieden. Und wir wollten ihn überall entdecken: in den Geschwistern, in Menschen, die einem auf die Nerven gehen, oder in einer langweiligen Aufgabe. „Weg vom eigenen Ich!" Sofort − ohne auch nur eine Minute zu verlieren! Wenn wir uns ganz auf Jesus ausrichteten, bekam sogar der Schlager „O Sole mio", den alle auf der Straße pfiffen, einen Inhalt ...

Es war nicht leicht, als die ersten Berufstätigen zu uns stießen. Sie waren keine Studenten, mit denen man sich nach den Vorlesungen oder auf der Straße treffen konnte. Sie hatten ihren Beruf. Die einzige Gelegenheit, mit ihnen zusammenzukommen, war der Abend.

Arme Schwester Carmelina! Sie war die Leiterin des Studentinnenheims, in dem ich wohnte. Zum Glück hatte sie uns verstanden, so daß sie mich ohne weiteres abends weggehen ließ und dafür sorgte, daß niemand etwas davon merkte. Und das alles wegen der lieben Hausordnung! Geduldig wartete sie oft bis spät in der Nacht auf mich ... hinten am Boteneingang.

Doch eines schönen Tages sprach sie mich an: Das Telefonieren zu jeder Tageszeit ..., die Besuchszimmer, die immer wir in Beschlag nahmen ..., das zusätzliche Aufbleiben an den Abenden ... – Kurz und gut, es wurde mir nahegelegt, das Wohnheim zu verlassen.

Und ausgerechnet an diesem Tag kam Grazia, mit 13 Jahren die jüngste von uns, zu mir und sagte, sie habe in der Nähe des Sportplatzes, in einer Gegend, wo viele unserer Freunde wohnten, eine kleine Wohnung mit Küche und Telefon aufgespürt. Sofort gingen wir mit Lia, die aus Rom gekommen war, hin, und nach wenigen Tagen konnten wir dort einziehen. Unser erster Sitz in Florenz!

In Rom entwickelten sich die Dinge schneller, als wir dachten. Wir kamen mit vielen Leuten in Kontakt: von den Persönlichkeiten der römischen Gesellschaft, mit denen uns Jacoba bekannt gemacht hatte, über einen Kellner, der in einer Kneipe arbeitete, bis zu einem Kreis von Abgeordneten, mit denen sich Graziella regelmäßig in einem Bibliothekssaal des italienischen Parlaments traf. Warum sollte Christus nicht auch unter Parlamentariern leben können? Es genügte, daß sie in seinem Namen, in seiner Liebe zusammen waren.

Nach einigen Monaten hatten wir das Haus von Jacoba regelrecht überflutet. Die Empfangszimmer waren einfach klasse, genau das, was wir brauchten. Das Dumme war nur, daß der Mann von Jacoba kaum noch telefonieren konnte, weil wir immer an seiner „Strippe" hingen. Auf die Dauer konnte das nicht gutgehen. Schon Jacoba und ihrem Mann zuliebe mußten wir eine neue Lösung finden, auch wenn sie uns alles großzügig zur Verfügung stellten.

Aber 1950 eine Wohnung zu finden war fast ein Ding der Unmöglichkeit. Der Wiederaufbau hatte kaum erst begonnen, ganz zu schweigen von den hohen Mieten und der Kaution, die man im voraus bezahlen mußte.

Unsere Achse Rom—Trient funktionierte bestens. Wer kam, brachte neue Nachrichten mit, und der gegenseitige Erfahrungsaustausch hielt uns immer in Schwung. Bei einem großen Treffen an einem Sonntag sprachen wir das Wohnungsproblem unserer Gruppe in Rom offen an: Wir brauchten einen Ort, wo wir unabhängig waren. Außerdem genügte es nicht mehr, daß nur zwei von uns in Rom waren. Alles breitete sich sehr schnell aus; die Anfragen für Begegnungen häuften sich. Wir waren ganz sicher, daß sich eine Lösung finden ließe. Schließlich war ja unser „Chef" mächtiger und reicher als jeder Bankier der Welt. Am Ende der Begegnung kam Irma auf mich zu und sagte, daß sie genügend Geld für eine Kaution habe. Sie öffnete ihre Tasche und zählte die Banknoten. Mit großer Selbstverständlichkeit sagte sie: „Das Geld habe ich von meinen Eltern. Ich will ja bald heiraten, und eigentlich sollte ich mir davon ein neues Wohnzimmer kaufen. Aber wir werden schon noch eine Lösung finden. Unsere gemeinsame ‚Revolution' ist jetzt wichtiger!" So konnten wir in der Gegend von St. Paul unseren ersten Sitz in Rom erwerben.

Unser Leben verbreitete sich wie eine Kettenreaktion. Zunächst in Italien, dann − im Jahr 1957 − der Sprung über die Alpen: nach Belgien, Frankreich, Deutschland, Österreich, in die Schweiz ... Schließlich gingen die ersten von uns in andere Kontinente: in die USA, nach Lateinamerika, Asien, Afrika − in alle Welt. Und unser Abenteuer geht weiter ...

Rom, 12.-13. Juni 1992. Im Eisstadion von Marino haben sich 9.000 junge Leute im Alter von 12 bis 16 Jahren versammelt: Jugendliche aus allen Teilen der Erde. Sie haben sich seit Monaten darauf gefreut; durch viele Aktionen haben sie es möglich gemacht, daß auch Kinder aus Afrika, Asien und Lateinamerika kommen konnten.

Auch Silvana ist dabei, mit der gleichen Freude und Frische, mit der sie von der Entstehung dieses neuen Lebens erzählt hat. Was mag in ihr vorgehen? Die kleine Gruppe aus Trient hatte daran geglaubt, daß Gott sein Versprechen wahr machen kann: „Fordere von mir, und ich gebe dir die Völker zum Erbe, die Enden der Erde zum Eigentum" (Ps 2,8). Und heute strahlt das italienische Fernsehen den „Superkongreß" dieser Kinder und Jugendlichen über Satellit in alle Welt aus! In vielen Ländern wird die Veranstaltung übertragen.

„Junge Leute für die Zukunft — junge Leute für die Einheit" steht auf großen Spruchbändern. Ein faszinierendes Programm mit Musik, Tänzen und Erfahrungsberichten von Kindern aus aller Welt läuft ab, und ein Blick in die Gesichter genügt, um zu wissen, daß alle Teilnehmer Akteure sind beim Einsatz für eine geeintere Welt.

Inhalt

In der gleichen Reihe sind erschienen:

Michel Pochet
MIT SEELE UND LEIB
Gedanken zu Liebe und Sexualität
64 Seiten, broschiert
ISBN 3-87996-243-X

„Ausgehend vom Schöpfungsplan, der Sexualität und Liebe zur Spur der lebendigmachenden Liebe Gottes gemacht hat, führt der gelernte Architekt Gespräche mit Jugendlichen … Dabei vermeidet er bewußt allzu prompte, fertige Antworten, öffnet aber den Weg des Denkens und Erfahrens in tiefere Dimensionen des Menschseins."

Bücherbord

Jean-Marie Moretti
VOM URKNALL ZUM RETORTENBABY
Gespräche über Naturwissenschaft und Glaube
88 Seiten, broschiert
ISBN 3-87996-271-5

Grundlegende und brisante Fragen junger Leute an einen anerkannten Naturwissenschaftler: vom Verhältnis zwischen Glaube und Wissenschaft bis hin zu aktuellen medizinisch-ethischen Problemen. Kurze, verständliche Sachinformationen und Denkanstöße aus christlicher Sicht.

VERLAG NEUE STADT   MÜNCHEN · ZÜRICH · WIEN